교과서 자연동화

캄캄한 밤이 좋아요

글 이상배 그림 김명길

계림북스
kyelimbooks

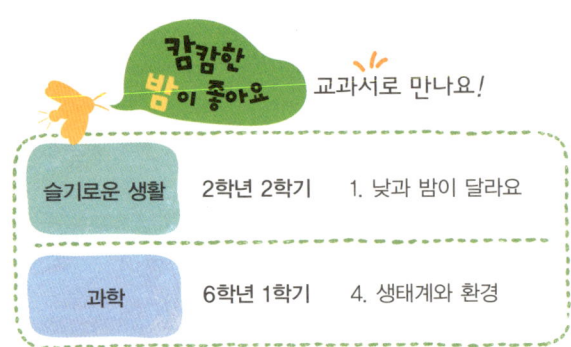

교과서로 만나요!

| 슬기로운 생활 | 2학년 2학기 | 1. 낮과 밤이 달라요 |
| 과학 | 6학년 1학기 | 4. 생태계와 환경 |

낮 동안 부지런히 일하던 친구들이 잠든 밤이면,
조용히 일어나 활동하는 동식물이 있어요.
밤에도 맛있는 먹이를 찾고, 아름다운 꽃을 피웁니다.

자연을 사랑하는 어린이들에게

낮에는 많은 동물들이 힘차게 활동합니다.
식물도 따스한 햇빛을 받으며 쑥쑥 자라지요.
밤에는 어둠이라는 장막이 온 세상을 감싸 주어
적으로부터 몸을 숨기고 편히 쉴 수 있습니다.
반딧불이는 캄캄한 밤을 좋아합니다.
어둠이 없다면 자신을 드러낼 수 없지요.
밤이라서 반짝반짝, 빛을 깜박이며 춤을 춥니다.
올빼미는 '밤의 사냥꾼' 입니다.
어둠 속에서 두 눈을 번뜩이며 먹잇감을 찾습니다.
들쥐와 두더지가 아무리 꼭꼭 숨어도 소용없습니다.
해님보다 은은한 달님을 더 좋아하는 달맞이꽃과 박꽃은
둥근 달처럼 노랗고 하얗게 피어납니다.
밤이 좋은 동식물들은,
캄캄한 어둠 속에서 더 큰 빛을 발하며
살아가고 있습니다.

첫 번째 이야기

밤의 길잡이 반딧불이   14
- 더 궁금해요!   34

두 번째 이야기

밤의 사냥꾼 올빼미   40
- 더 궁금해요!   60

세 번째 이야기

밤에 피는 꽃   66
- 더 궁금해요!   86

첫 번째 이야기

밤의 길잡이 반딧불이

해가 지고 어둑해졌습니다.
농부는 들에서 늦게까지 일을 했습니다.
졸졸, 물이 흐르는 냇가로 갔습니다.
흙이 묻은 손과 발을 씻고 호미도 씻었습니다.
"언제 이렇게 어두워졌지?"
농부는 냇가를 건너려고 발을 더듬거립니다.
캄캄해서 물 깊이를 알 수 없습니다.

그때였습니다.

풀숲에서 깜빡깜빡, 불빛이 떠올랐습니다.

불빛은 냇가 쪽으로 폴폴 날아옵니다.

"개똥불*이구나!"

개똥벌레 불빛이 냇가를 비춥니다.

"허허, 이제 잘 보인다, 잘 보여."

*개똥불: 반딧불이의 반딧불을 달리 부르는 이름.

개똥벌레는 어두운 밤을 좋아합니다.
깜빡, 깜빡, 깜빡, 깜빡!
수컷이 날아다니며 밝은 빛을 냅니다.
암컷에게 보내는 신호입니다.
깜박, 깜박, 깜박, 깜박!
암컷은 풀숲에 앉아 조금 흐린 빛을 냅니다.
수컷이 너울너울 암컷에게 날아가 속삭입니다.
"내 짝이 되어 줘."

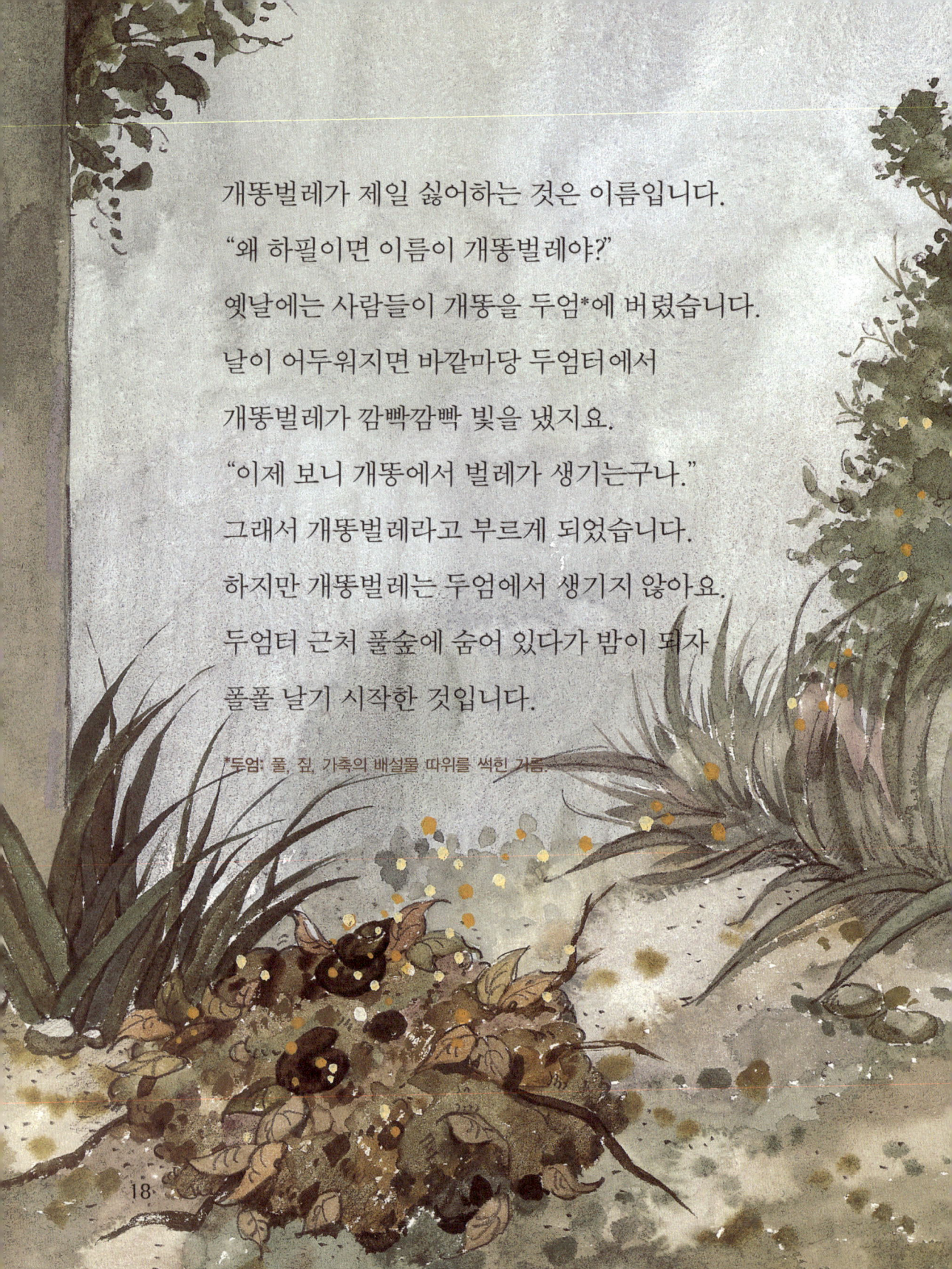

개똥벌레가 제일 싫어하는 것은 이름입니다.
"왜 하필이면 이름이 개똥벌레야?"
옛날에는 사람들이 개똥을 두엄*에 버렸습니다.
날이 어두워지면 바깥마당 두엄터에서
개똥벌레가 깜빡깜빡 빛을 냈지요.
"이제 보니 개똥에서 벌레가 생기는구나."
그래서 개똥벌레라고 부르게 되었습니다.
하지만 개똥벌레는 두엄에서 생기지 않아요.
두엄터 근처 풀숲에 숨어 있다가 밤이 되자
폴폴 날기 시작한 것입니다.

*두엄: 풀, 짚, 가축의 배설물 따위를 썩힌 거름.

개똥벌레의 원래 이름은 '반딧불이' 입니다.
반짝반짝, 빛나는 불빛은 '반딧불' 이고요.
아이들은 개똥벌레를 잡아 박꽃에 넣기도 하고,
병 속에도 넣고, 하얀 종이 봉지에도 넣습니다.
"와, 밝다!"
개똥벌레를 넣자마자 환한 꽃등이 되었네요.
개똥벌레는 호롱불이 되어 밤길을 밝혀 주고,
등잔불이 되어 책도 읽을 수 있게 해 줍니다.

개똥벌레 불빛으로 정말 책을 읽을 수 있냐고요?

옛날 중국에 차윤이라는 선비가 살았습니다.
선비는 글 읽기를 아주 좋아해서 늘 책을 끼고 있었지요.
그런데 밤에는 책을 읽을 수가 없었습니다.
집이 몹시 가난해서 등잔의 불을 밝힐 기름이 없었거든요.
그래서 여름이 되면 개똥벌레를 여러 마리 잡아서
하얀 헝겊 주머니에 넣고 그 빛으로 책을 읽었습니다.
훗날 차윤은 상서랑이라는 벼슬에 올랐답니다.

개똥벌레 불빛은 아주 밝습니다.
서른 마리 정도 모이면 그 불빛으로
동화책도 읽을 수 있지요.

개똥벌레는 달빛이 없는 캄캄한 밤을 좋아합니다.

"내 빛이 더 밝게 빛나니까."

구름이 잔뜩 낀 흐린 날을 좋아합니다.

또 바람이 불지 않는 고요한 밤을 좋아합니다.

"날아다니기 좋으니까."

수많은 개똥벌레들이 빛을 내며 날아다닙니다.

숲이 환해집니다.

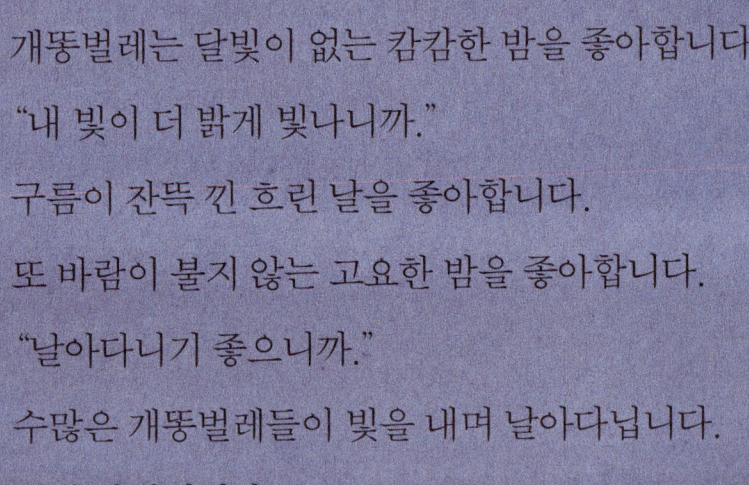
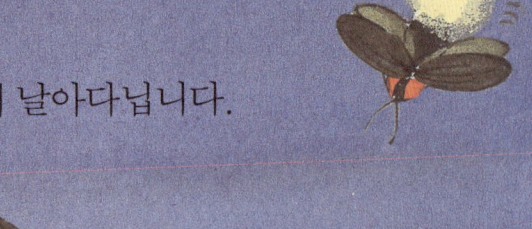

개똥벌레를 잡으려고 하면
어른들이 말립니다.
"아서라, 손 덴다!"
정말 개똥벌레의 몸은 뜨거울까요?
아니요, 아주 차갑습니다.
개똥벌레가 내는 빛은 열을 내지 않거든요.

개똥벌레들은 빛으로 말하고, 대답합니다.
"난 아빠가 되고 싶어."
짝을 찾으려고 깜빡깜빡.
"친구야, 어디 있니?"
친구들과 어울리고 싶어서 반짝반짝.
"나한테 덤비지 마!"
적에게 겁주려고 번쩍번쩍!

빛은 어디에서 나오는 걸까요?
배 끝마디에 발광기*가 있습니다.
빛이 밝은 수컷은 발광기가 두 마디이고,
빛이 약한 암컷은 발광기가 한 마디입니다.

*발광기: 생물의 몸에서 빛을 내는 기관.

아이들이 개똥벌레를 쫓아다닙니다.
반짝반짝, 노란빛, 너울너울, 주황빛.
개똥벌레마다 빛의 색깔이 다릅니다.
개똥벌레마다 빛을 내는 때도 다릅니다.
애반딧불이는 여름에 빛을 내고,
늦반딧불이는 늦여름에 빛을 냅니다.

똥똥 개똥벌레야
우리 집에 불 없다
어서 날아와 불 밝혀라

똥똥 개똥벌레야
달도 없고 별도 없다
어서 날아와 길 밝혀라

똥똥 개똥벌레
이쪽저쪽 번쩍번쩍
자루 자루 손에 들고
어서어서 잡으러 가자

빛을 내는 개똥벌레는 무얼 잡아먹을까요?
개똥을 먹을까요, 쇠똥을 먹을까요?
아니면 풀잎, 나뭇잎?
빛을 내려면 힘이 있어야 하니까
살아 있는 곤충을 먹을까요?
깨끗한 것을 좋아하는 개똥벌레는
이슬이나 물을 먹고 살지요.

애벌레일 때는 먹이 사냥을 잘했습니다.

땅에서 달팽이를 잡아먹고,

물속에서는 다슬기를 잡아먹고 자랐습니다.

짝짓기를 마친 암컷이 알 낳을 곳을 찾아다닙니다.
"여기가 좋겠군."
암컷 개똥벌레는 축축한 물가에 자리 잡았습니다.
물이 촉촉한 풀숲에, 나무 뿌리에, 돌 틈에
작고 동그란 알을 낳기 시작합니다.
어, 그런데 알에서도 희미하게 빛이 나네요.

알 속에서 꼬물꼬물, 애벌레가 나왔습니다.
"물속으로 가야 돼."
맑은 물을 좋아하는 애벌레는
나오자마자 물속으로 들어갔습니다.
큰 턱으로 먹이 사냥을 하기 시작합니다.
애벌레는 한 번, 두 번, 세 번, 네 번…….
허물을 벗으며 무럭무럭 자랍니다.
다섯 번 허물을 벗으면 겨울이 지나갑니다.

따뜻한 봄이 되었습니다.
겨울잠에서 깬 애벌레는 땅 위로 기어올라갑니다.
"빨리 번데기가 되어야지."
땅속에 자기 크기만큼 흙고치*를 만들었습니다.
그 속에서 개똥벌레는 어른이 될 날을 기다립니다.

*흙고치: 곤충이 번데기가 되기 위해 흙으로 만든 방.

아무것도 먹지 않고
죽은 듯이 누워 있는
고치 속의 애벌레야
너는 지금 무슨 꿈을 꾸고 있니?

 더 궁금해요!

스스로 빛을 내는 반딧불이

밤길을 밝혀 주는 추억의 등불

반딧불이는 30년 전까지만 해도 들녘에서 흔히 볼 수 있었어요. 그러나 지금은 서식지에서나 볼 수 있는 귀한 곤충이지요. 옛날 아이들은 반딧불을 잡아서 박꽃이나 초롱꽃, 투명한 유리병에 넣어 환한 꽃등과 호롱불을 밝혔지요. 아이들은 개똥벌레 빛으로 책도 읽고, 어두운 길을 밝히기도 했습니다.

반딧불이의 몸은 머리·가슴·배로 나뉩니다. 머리는 작고, 앞가슴등판은 오렌지빛이 도는 붉은색을 띠고 있습니다. 배는 일곱 마디로 되어 있는데 배 끝마디에서 빛이 나옵니다.

- 더듬이는 1쌍이에요.
- 붉은 색 부분이 앞가슴등판이에요.
- 눈은 겹눈이에요. 머리의 뒷부분이 앞가슴 밑으로 들어가 있어서 잘 보이지 않아요.
- 몸은 검고, 긴 타원형이에요. 날개는 2쌍인데 날 때는 뒷날개만 사용해요.
- 배 끝마디의 연한 살갗에서 반짝반짝 빛이 나와요.
- 다리는 3쌍인데 가늘고 긴 편이에요.

빛을 내는 신비한 발광기

반딧불이는 배 끝마디의 발광기를 통해 빛을 냅니다. 수컷은 배 끝의 두 마디에서 동시에 강한 빛을 내고, 암컷은 배 끝 두 번째 마디에서만 약한 빛을 내지요.

늦반딧불이 수컷

늦반딧불이 암컷

빛을 깜빡거리는 것은 반딧불이들의 신호입니다. 짝을 찾아 짝짓기를 하고, 같은 무리를 구별하고, 적에게서 자신을 보호합니다. 수컷은 날아다니며 빛을 깜빡거리고, 암컷은 풀숲에 앉아 빛을 냅니다.

반딧불이의 서식지

전라북도 무주군에서는 설천면 남대천 일대를 천연기념물 제322호로 지정하여 반딧불이와 반딧불이의 먹이인 다슬기의 서식지를 보호하고 있습니다.

하지만 현재는 이곳에서도 애반딧불이만 발견되고 있어서 부남면 잠두마을에 반딧불이 생태공원을 따로 만들어 보호하고 있습니다.

반딧불이 생태공원

반딧불이의 한살이

반딧불이는 '알→애벌레→번데기→어른벌레' 로 일생을 삽니다. 짝짓기를 마친 암컷은 한곳에 무리 지어 알을 낳습니다. 물가의 축축하고 습한 풀밭, 바위의 이끼, 나무 뿌리는 알을 낳기에 좋은 장소이지요. 한 마리가 약 300~500개의 알을 낳는데 작은 알일 때부터 빛을 냅니다.

알에서 깨어난 애벌레는 물기가 많은 곳에서 허물벗기를 시작합니다. 몸에 배 아가미가 있어서 물속에서도 숨을 쉴 수 있지요. 애벌레는 다슬기, 달팽이를 먹으면서 겨울을 납니다. 그 사이 다섯 번 허물을 벗게 됩니다.

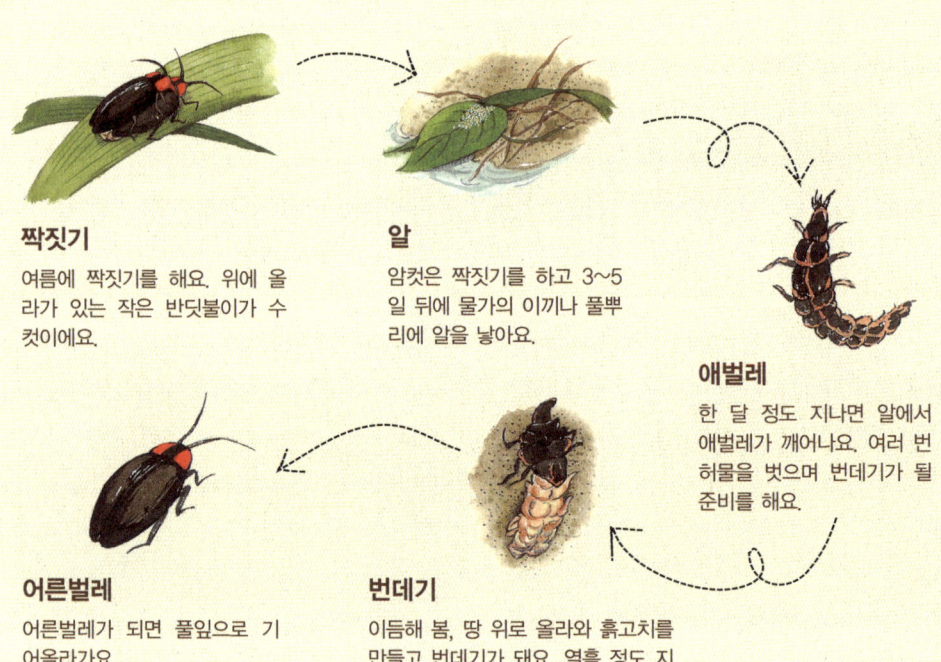

짝짓기
여름에 짝짓기를 해요. 위에 올라가 있는 작은 반딧불이가 수컷이에요.

알
암컷은 짝짓기를 하고 3~5일 뒤에 물가의 이끼나 풀뿌리에 알을 낳아요.

애벌레
한 달 정도 지나면 알에서 애벌레가 깨어나요. 여러 번 허물을 벗으며 번데기가 될 준비를 해요.

번데기
이듬해 봄, 땅 위로 올라와 흙고치를 만들고 번데기가 돼요. 열흘 정도 지나면 껍질을 뚫고 나와요.

어른벌레
어른벌레가 되면 풀잎으로 기어올라가요.

여러 가지 반딧불이

우리나라 속담에 '그루밭 개똥불 같다'는 말이 있습니다. 그루밭이란 밀이나 보리를 심은 밭을 말합니다. 밭 여기저기 반딧불이가 반짝인다는 뜻이지요. 그만큼 옛날에는 반딧불이가 많았다는 것을 알 수 있습니다. 반딧불이는 전 세계에 2,000여 종이 있지만 우리나라에는 7~8종류만이 살고 있어요. 그중 흔히 볼 수 있는 것은 4종 정도밖에 안 됩니다.

무주에 오면 나를 만날 수 있어!

애반딧불이
논, 습지, 도랑가에 살며, 6월 중순에서 7월 초순까지 활동해요. 어른벌레는 깜빡깜빡 빛을 내는데 암컷과 수컷이 모두 날아다녀요.

늦반딧불이
반딧불이 중에서 몸이 가장 커요. 늦은 여름부터 가을까지 활동하는데, 깜빡이지 않고 줄곧 빛을 내지요.

파파리반딧불이
다른 반딧불이보다 일찍 나타나 7월 초순까지 활동해요. 반딧불이 중 불빛이 가장 밝아요. 운문산반딧불이와 같은 종이라고 보는 사람들도 있어요.

두 번째 이야기

밤의 사냥꾼 올빼미

어둠이 내린 밤입니다.
산속은 더 캄캄합니다.
"포~ 호~, 푸~ 호~."
"꾸욱 꾸욱."
"딱딱딱."
여기저기서 울음소리가 들립니다.
밤을 좋아하는 동물들의 소리입니다.

들쥐가 먹이를 찾으러 나왔습니다.
쪼르르 나뭇가지를 기어오르는데
휙, 날카로운 발톱이 들쥐를 덮쳤습니다.
"찍찍, 살려 줘요!"
들쥐는 비명을 질렀지만 때는 이미 늦었습니다.
밤의 사냥꾼은 유유히 어둠 속으로 사라졌습니다.

사냥꾼은 밤마다 찾아왔습니다.
땅굴에서 나온 두더지도 잡아가고,
나무를 갉아먹던 멧토끼도 잡아갔습니다.
꿩도 먹이가 되고,
논가에 사는 개구리도 먹이가 되었습니다.
새끼나 어미를 잃은 동물들이 한자리에 모였습니다.
"도대체 무서운 밤의 사냥꾼이 누구예요?"
늦게 온 들쥐가 물었습니다.
"맹금*이래요."

*맹금: 성질이 사납고 육식을 하는 올빼미, 부엉이, 매, 독수리 따위를 이름.

동물들은 보고 들은 이야기를 한마디씩 했습니다.

"소리도 없이 바람처럼 나타난대요."

"눈이 부리부리하고 무섭대요."

"갈고리처럼 생긴 부리가 무지 날카롭대요."

"밤눈이 밝아서 낮보다 사냥을 더 잘한대요."

그때였습니다.

"으악, 무서운 부엉이가 나타났다!"

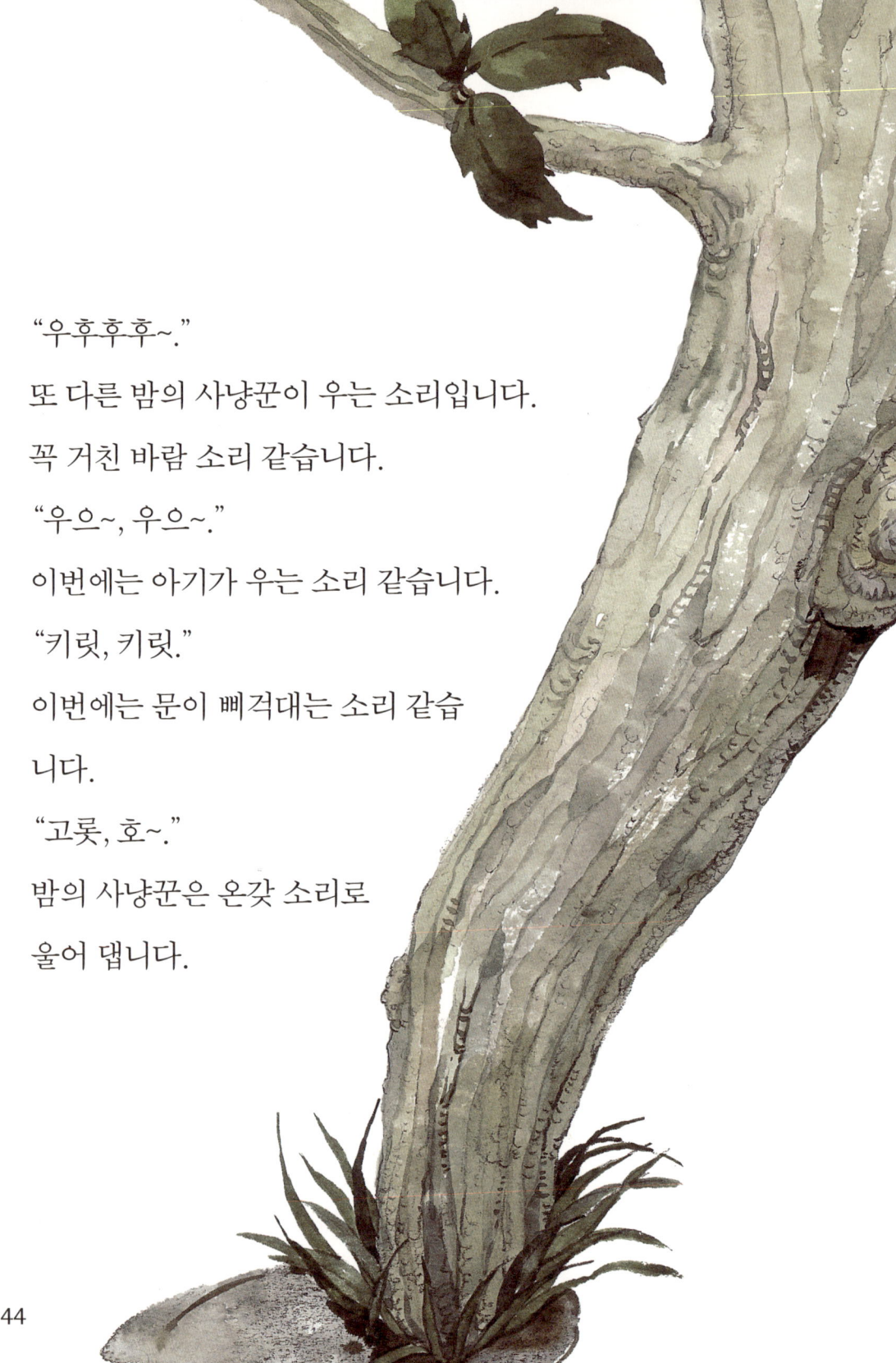

"우후후후~."
또 다른 밤의 사냥꾼이 우는 소리입니다.
꼭 거친 바람 소리 같습니다.
"우으~, 우으~."
이번에는 아기가 우는 소리 같습니다.
"키릿, 키릿."
이번에는 문이 삐걱대는 소리 같습니다.
"고롯, 호~."
밤의 사냥꾼은 온갖 소리로
울어 댑니다.

밤의 사냥꾼이 소리 없이 나타났습니다.
부드럽고 톱니같이 생긴 깃털 사이로
공기가 빠져나가기 때문에 소리가 나지 않습니다.
사냥꾼은 높은 나무 홰*에 앉았습니다.
사냥꾼은 홰에 앉아 있는 것을 좋아합니다.

*홰: 새장이나 닭장 속에 새나 닭이 올라앉도록 가로질러 놓은 나무 막대.

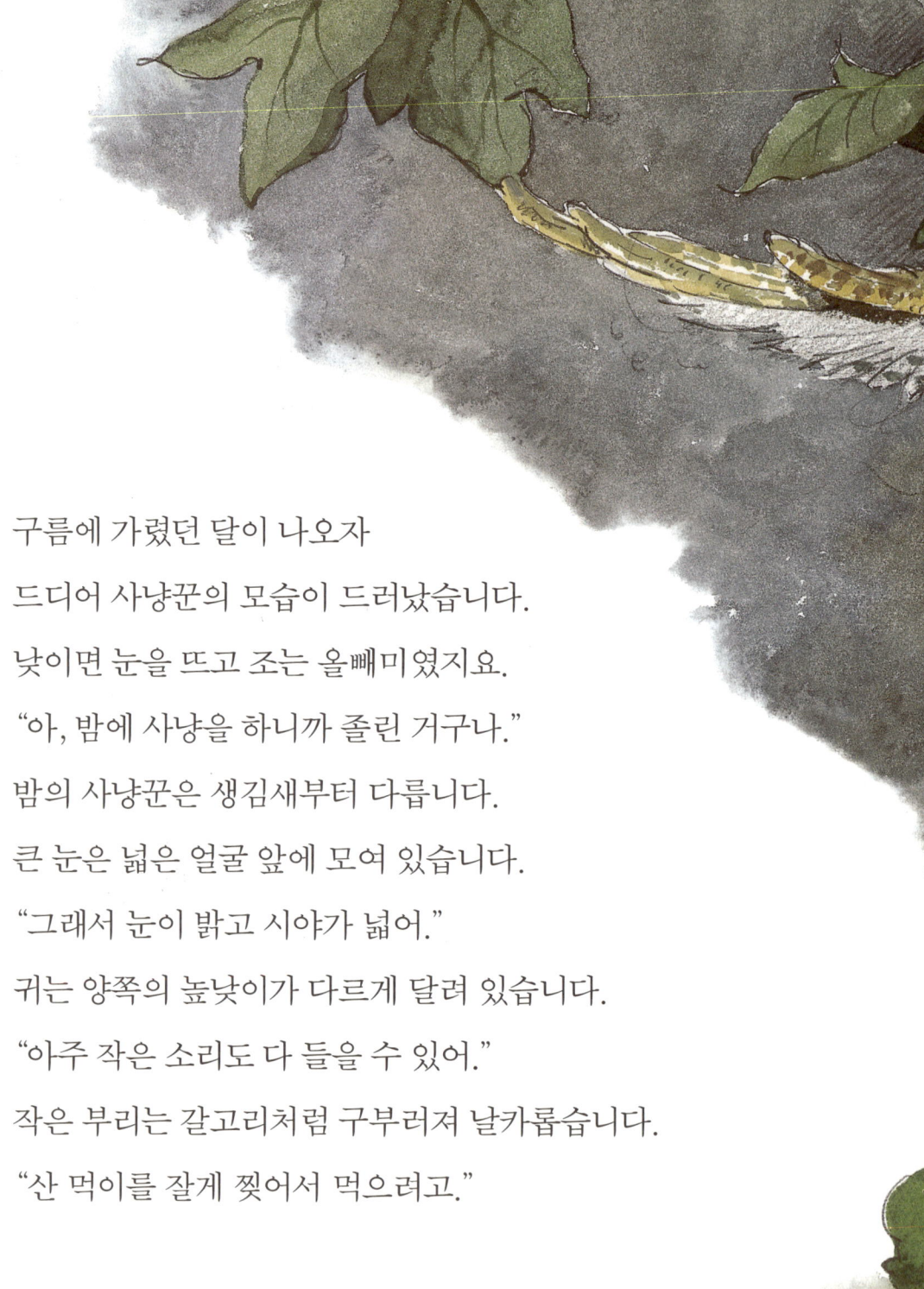

구름에 가렸던 달이 나오자
드디어 사냥꾼의 모습이 드러났습니다.
낮이면 눈을 뜨고 조는 올빼미였지요.
"아, 밤에 사냥을 하니까 졸린 거구나."
밤의 사냥꾼은 생김새부터 다릅니다.
큰 눈은 넓은 얼굴 앞에 모여 있습니다.
"그래서 눈이 밝고 시야가 넓어."
귀는 양쪽의 높낮이가 다르게 달려 있습니다.
"아주 작은 소리도 다 들을 수 있어."
작은 부리는 갈고리처럼 구부러져 날카롭습니다.
"산 먹이를 잘게 찢어서 먹으려고."

부엉이, 소쩍새, 올빼미가 한자리에 모였습니다.
밤의 사냥꾼들은 서로를 쳐다보고 깜짝 놀랐습니다.
얼굴, 눈, 부리, 날개가 똑 닮았습니다.
"우린 너하고 달라."
부엉이와 소쩍새가 올빼미를 보며 말했습니다.

"뭐가 다른데?"

"우리의 크고 멋있는 귀가 안 보이니?"

그러고 보니, 부엉이와 소쩍새 머리 양쪽에는 길쭉한 귀깃*이 나 있습니다.

"그건 귀가 아니라 깃털이잖아."

올빼미의 말에 부엉이와 소쩍새는 머쓱해졌습니다.

*귀깃: 귓가에 난 깃털.

숲 속에 밤이 왔습니다.

밤이 좋은 동물들이 슬슬 움직입니다.

부엉이는 "부엉, 부엉!" 울어 댑니다.

소쩍새는 "소쩍, 소쩍!" 울어 댑니다.

올빼미는 "우우, 우우!" 울어 댑니다.

"삐리리리."

무엇인가 우산처럼 날개를 펴고 날아다닙니다.

휙휙, 여러 마리입니다.

"삐리리리, 삐리리리!"

박쥐가 초음파*를 쏘는 소리입니다.

박쥐는 초음파로 길을 알아내고 먹이를 찾아냅니다.

하지만 사람은 초음파를 들을 수 없습니다.

***초음파**: 사람의 귀에는 들리지 않는 공기의 파동.

숲 속에 커다란 졸참나무가 있습니다.
굵은 둥치 옹이에서 즙*이 흐릅니다.
수액은 달고 맛있습니다.
어둠 속에서 곤충들이 앞다투어 날아옵니다.
장수풍뎅이, 사슴벌레, 하늘소, 풍뎅이, 개미, 나방.
모두 밤을 좋아하는 곤충입니다.
"저리 비켜. 여기는 내 자리야."
서로 수액을 독차지하려고 싸움을 합니다.
그때입니다.
박쥐들이 날아왔습니다.
"여기에 먹이가 많구나."
박쥐들은 모여 있는 작은 곤충들을 잡아먹고,
큰 것은 발톱으로 채어 갔습니다.

밤의 세계는 조용하고 편안한 줄 알았는데
낮보다 더 위험합니다.

*즙: 나무 껍질에서 나오는 수액으로, 끈적거리고 달아서 곤충들이 좋아한다.

아빠 올빼미가 둥지를 나왔습니다.

둥지는 높은 나무 구멍에 있습니다.

딱따구리가 살던 빈집을 차지해 쓰고 있습니다.

"삐삐삐."

둥지에서 새끼들이 배고프다고 칭얼댑니다.

"삐삐, 배고파."

"삐삐, 추워요, 엄마."

아빠 올빼미가 먹이를 잡아 왔습니다.

새끼들은 먼저 먹이를 먹으려고 목을 죽죽 뺍니다.

"갸갸갸, 기다려."

올빼미 새끼들이 둥지 밖으로 나왔습니다.

한 마리, 두 마리, 세 마리, 네 마리입니다.

아직 새끼들은 마음대로 날 수 없습니다.

나무 홰에 앉아 서로 몸을 바짝 붙이고 햇빛을 쬡니다.

아빠 올빼미는 부지런히 먹이를 잡아 오고,

엄마 올빼미는 먹이를 잘게 찢어 입에 넣어 주었습니다.

"쮸쮸쮸, 맛있어요."

배가 부른 새끼가 머리를 끄덕끄덕 흔들어 댑니다.

"캬캬."

먹이를 다 먹은 새끼들이 작은 덩어리를 토해 냅니다.

펠릿*입니다.

*펠릿(Pellet): '덩어리' 라는 뜻. 먹고 소화시키지 못한 것을 덩어리로 토해 낸 것.

어디선가 올빼미 우는 소리가 들려옵니다.
숲 속 동물들은 숨기도 하고, 슬슬 움직이기도 합니다.
들쥐와 두더지도 덜덜 떨며 먹이 사냥을 합니다.
동물들은 어둠 속에서 먹이 사냥을 하면서
다른 동물에게 잡아먹히지 않으려고 바짝 긴장합니다.

낮에는 조는 올빼미

밤에는 두 눈 부릅뜨고

먹이의 얼을 빼고

온 밤을 사냥하는 올빼미

너는 밤을 좋아하는

밤의 사냥꾼이구나

더 궁금해요!
밤을 좋아하는 사냥꾼

천적이 없는 무서운 맹금류, 올빼미

낮에는 쉬고 밤에 활동하는 동물을 '야행성 동물' 이라고 합니다. 어두운 밤에는 천적의 공격을 피할 수 있고, 낮보다 먹이를 쉽게 구할 수 있기 때문이지요.

올빼미는 들쥐, 두더지, 새 같은 동물을 잡아먹는 맹금류로 생김새가 밤 활동에 맞게 발달되었어요. 스스로 집을 짓기보다는 큰 나무 구멍이나 딱따구리가 버린 집을 차지해 살면서 밤이면 사냥을 나서지요.

머리를 180도로 돌릴 수 있어요.

부리는 날카로운 갈고리처럼 아래로 휘어 있어서 먹이를 잘게 찢기에 알맞아요.

깃털은 가늘고 부드러워요. 앞쪽 가장자리가 작은 톱니같이 생겨서 바람이 그 사이로 빠져나가 날갯짓 소리가 나지 않아요.

부엉이, 소쩍새와 달리 귀깃이 없어요. 양쪽 귀는 어긋나게 붙어 있어서 작은 소리까지 들을 수 있어요.

발가락은 4개예요. 날카롭고 유연해서 먹이나 나뭇가지를 꽉 움켜쥘 수 있어요.

올빼미의 펠릿

올빼미는 먹이를 통째로 먹고 소화시킵니다. 그러나 털이나 깃, 뼈는 소화시킬 수 없지요. 이런 것들은 모래주머니에 모아 두었다가 토해 내는데 이것을 '펠릿'이라고 합니다. 펠릿은 뼈 조각이 털에 엉기어 덩어리를 이루고 있지요. 올빼미 둥지 주변에는 볼 수 있는데 펠릿을 살펴보면 올빼미가 무엇을 먹었는지 알 수 있답니다.

올빼미의 한살이

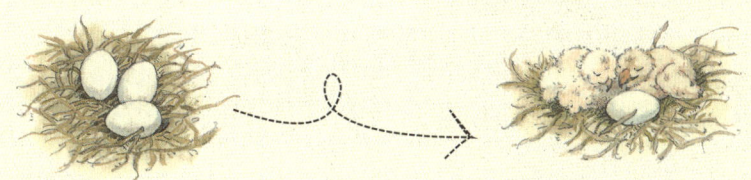

알을 낳아요
큰 나무 구멍에 메추리알보다 크고 하얀 알을 2~4개 정도 낳아요.

알이 깨어나요
암컷은 밤낮으로 알을 품어요. 한 달 정도 지나면 새끼들이 알을 깨고 나와요.

새끼 기르기
수컷이 사냥해 오면 암컷은 4~5주 동안 먹이를 잘게 찢어 새끼를 먹여요.

홀로서기
먹이를 통째로 먹을 수 있을 만큼 자라고 나는 법을 배우면 새끼들은 독립을 해요.

올빼미의 사촌, 부엉이와 소쩍새

올빼미처럼 육식을 하고 성질이 사나운 새들을 '맹금류'라고 합니다. 우리가 잘 알고 있는 독수리, 매, 부엉이, 올빼미, 소쩍새가 대표적인 맹금류이지요. 맹금류는 모두 몸집이 큰 편이고, 넓은 날개를 가졌어요. 또한 감각이 예민하고 행동이 민첩해서 사냥을 무척 잘합니다.

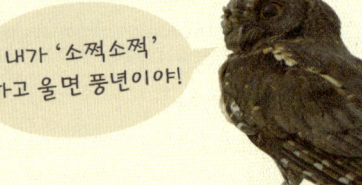

내가 '소쩍소쩍' 하고 울면 풍년이야!

소쩍새
소쩍새는 맹금류 중 몸집이 작은 새예요. 머리에 귀깃이 있고, 발가락에는 깃털이 없지요. 예전에는 소쩍새의 울음소리로 농사의 풍흉을 점쳤대요.

수리부엉이
몸집이 큰 수리부엉이는 큰 귀깃이 있어 쉽게 구별할 수 있어요. 깊은 산 바위틈에 살아요.

어디선가 쥐들의 속삭임이 들려 오는군.

쇠부엉이
낮에도 탁 트인 곳에서 사냥하는 것을 볼 수 있어요. 잘 보이지 않는 짧은 귀깃을 가지고 있지요. 번식기에 '부~ 부~' 하고 울어요.

여러 올빼미 친구들

전 세계에 살고 있는 올빼미 종류는 100여 종이 넘습니다. 요즘에는 사냥꾼들이 마구잡이로 사냥을 하고, 올빼미의 먹이가 되는 곤충들이 농약에 물들어서 나날이 그 수가 줄어들고 있지요. 우리나라에 사는 10여 종의 올빼미들은 모두 천연기념물 제324호로 지정해 보호하고 있답니다.

흰올빼미
추운 곳을 좋아하는 흰올빼미는 다른 올빼미와 달리 낮에 활동하고, 단독 생활을 해요. 우리나라에서는 살지 않지만 동물원에 가면 볼 수 있어요.

긴점박이올빼미
비교적 몸집이 큰 올빼미예요. 긴 꼬리에 가로 줄무늬가 있어요. 숲 속 고목나무 구멍에 둥지를 지어요. 가끔씩 낮에 활동하는 경우도 있지요.

금눈쇠올빼미
올빼미 중 몸집이 작은 금눈쇠올빼미는 머리가 둥글고 귀깃이 없어요. 우리나라에서 보기 힘든 올빼미예요. 노란 눈이 특징이에요.

> 먹이들이 다 어디에 숨었지? 아, 졸려!

세 번째 이야기

밤에 피는 꽃

'호박'과 '박'은 이름이 비슷한 친구입니다.

손바닥을 닮은 잎 모양도 비슷하고,

무엇이든 잡히면 돌돌 감는 덩굴손도 비슷합니다.

호박이 박에게 물었습니다.

"넌 왜 자꾸 높은 데로 올라가니?"

"한번 알아맞혀 봐."

박은 흙담 위로 덩굴손을 뻗어 초가지붕으로 올라갑니다.

"글쎄……. 난 낮은 곳이 좋은데."

호박 덩굴손은 낮은 흙담 주위로 죽죽 뻗어 나갔습니다.

어느 날 아침, 호박이 꽃을 피웠습니다.

"노란 꽃이야, 예쁘다!"

초록색 열매도 달렸습니다.

호박꽃은 아침마다 꽃을 피웠습니다.

초록 열매는 점점 자라 애호박이 되었습니다.

할머니가 애호박을 따러 나왔습니다.
사람들은 늙은 청둥호박도 좋아하지만
싱싱한 애호박을 즐겨 먹습니다.
"호박아, 나는 네가 왜 낮은 데를 좋아하는지 알아."
"왜?"
"응, 열매가 높은 데에 달리면
따 먹기가 힘들잖아."
"네 말이 맞아."

"그런데 넌 왜 아직 꽃이 안 피는 거야?"
"글쎄, 나도 몰라."
박은 시무룩해졌습니다.
언제 꽃이 필까요?
호박처럼 노란 꽃이 필까요?
나팔꽃처럼 붉은 꽃이 필까요?

여름 해는 길고 길었습니다.
"후유, 더워."
호박잎 줄기가 더위에 지쳐 축 늘어졌습니다.
해가 서쪽으로 기울었습니다.
지붕 위의 박 덩굴과 잎은 오히려 싱싱합니다.
잎에서 나온 꽃대에 꽃봉오리가 맺혔습니다.
"어, 이상하네?"

호박이 말했습니다.
"왜, 뭐가 이상해?"
박이 물었습니다.
"너, 지금 꽃이 피려고 해!"
어스름이 내리자 꽃봉오리가 활짝 벌어졌습니다.
"하얀색이야!"
호박꽃이 소리쳤습니다.
박꽃의 꽃대마다 새하얀 꽃이 송이송이 피었습니다.

달이 떠올랐습니다.
박꽃은 어둠 속에서 더 하얗게 피어났습니다.
마치 달을 보고 수줍게 웃는 듯 보였습니다.

해님에게 얼굴 감추고
어둠 속에 곱게 핀 박꽃
달님이 좋아 피었니
별님이 좋아 피었니

그 모습에 호박꽃은 심술이 났습니다.

박꽃아 박꽃아
네 모습 고와도
네 꽃은 쓰고
내 꽃은 달다

정말이지 호박꽃은 달콤합니다.
그래서 붕붕 벌이 날아오고
팔랑팔랑 나비가 날아옵니다.

박꽃은 벌과 나비를 기다립니다.

"어두워서 찾아올까?"

붕붕, 무엇인가 다가왔습니다.

"벌이구나?"

박꽃은 반가움에 소리쳤습니다.

"난 벌이 아니야."

"그럼 누구야?"

"박각시야."

"박각시?"

"그래. 박꽃을 좋아하는 박각시*라고 해."

"왜 나를 좋아하는데?"

"밤에 피는 고마운 꽃이니까. 난 밤이 좋은 곤충이거든."

박각시는 긴 주둥이를 박꽃 속에 집어넣고 꿀을 빨아먹었습니다.

---

*박각시: 나비목 박각시과의 곤충. 전체적인 겉모습과 행동이 벌새와 닮았다.

박각시는 밤마다 날아왔습니다.
"박각시야, 고마워. 가루받이*를 해 주어서."
박꽃이 말했습니다.
"아냐, 내가 고맙지. 맛있는 먹이를 줬잖아."
박각시는 쉴 새 없이 날개를 파드득거리며
바쁘게 꽃을 옮겨 다녔습니다.

*가루받이: 수술의 꽃가루가 암술머리에 옮겨 붙어 열매를 맺는 일.

"좀 천천히 날아다녀."
"안 돼. 분꽃한테 가 봐야 해. 달맞이꽃도 기다리고 있어."
박각시가 가 버리자 나방이 날아왔습니다.
살랑살랑 날아오는 게 아니라
푸드덕거리며 날아와 앉았습니다.

마당가 꽃밭에 분꽃이 있습니다.

한낮에 분꽃은 봉오리를 만들었습니다.

다른 꽃들은 울긋불긋 피어나 있습니다.

"왜 꽃을 안 피우는 거야?"

붉은 봉숭아가 물었습니다.

"아직 네 시가 안 되었어. 나는 네 시에 꽃을 피워."

"왜 꼭 그 시간에 맞춰 꽃을 피우는 거야?"

"밤에 피어 있고 싶어. 밤을 좋아하는 곤충들을 위해서."

해가 기울고 네 시가 되었습니다.
분꽃 봉오리가 벌어지며 꽃이 피어나기 시작합니다.
분홍색, 하얀색, 노란색, 붉은색…….
고깔도 닮았고, 긴 나팔도 닮았습니다.

분꽃은 '저녁 꽃' 입니다.

밤새 피어 있다가 아침이면 시들어 버립니다.

분홍 고깔 열두 개

노랑 나팔 열두 개

뚜 뚜 뚜 뚜

분꽃 나팔 불어 보자

고깔모자 쓰고

골목에서

담 너머에서

저녁 먹고 달밤에

분꽃 나팔 불어 보자

분꽃이 지면 까만 열매가 생깁니다.
언니들은 분꽃 열매를 받아 모았습니다.
까만 열매를 빻으면 하얀 가루가 됩니다.
분처럼 고운 가루입니다.
언니들은 그 가루를 얼굴에 발랐습니다.
달님처럼 예뻐지려고요.

해가 지고 어둠이 내렸습니다.
낮 동안 피었던 꽃들이 지고,
밤을 좋아하는 꽃들이 피어납니다.
달빛이 은은한 빛을 뿌립니다.
달빛을 받은 노란 꽃도 보입니다.

달님이 좋은 노란 달맞이꽃은
밭두렁에서도 달을 보고
논두렁에서도 달을 보고
길가에서도 달을 보네

달맞이꽃은 무리 지어 자랍니다.
한겨울, 잎을 땅바닥에 붙이고 추위를 이겨 냅니다.
달빛처럼 고운 꽃을 피우기 위해
어디서도 끈질기게 자랍니다.

초가지붕 위에 커다란 박이 주렁주렁 열렸습니다.

흙담 위에도 청둥호박이 달려 있습니다.

"이제 네가 높은 데로 올라간 이유를 알았어."

청둥호박이 말했습니다.

"정말? 그럼 한번 알아맞혀 봐."

"난 울퉁불퉁하고, 넌 달처럼 둥글게 생겼잖아.

가까이에서 달을 바라보고 자라서 그런 거야.

그리고 높은 곳에서 건강하게 자라려면

푹신푹신하고 넓은 초가지붕이 제격이지."

"하하, 듣고 보니 정말 그러네."

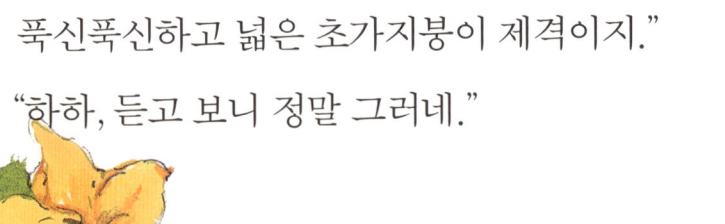

박은 바가지로 남게 됩니다.

물도 담고, 밥도 담고, 씨앗도 담고,

예쁜 공예 바가지가 되기도 할 것입니다.

"이게 다 박각시와 나방이 도와준 덕분이야."

바가지는 어두운 밤에 찾아와 준 친구를 잊지 않을 것입니다.

 더 궁금해요!

어두운 밤에도 꽃이 피어요

꽃을 피우는 시간이 달라요

식물들이 씨앗을 퍼뜨리려면 곤충의 도움이 필요합니다. 꽃들은 가루받이를 하려고 경쟁하는데 꽃을 피우는 시간을 아침, 점심, 저녁으로 달리 하면 더 쉽게 곤충을 차지할 수 있습니다.

밤을 좋아하는 꽃 - 분꽃

나방이 분꽃의 가루받이를 돕고 있어요. 빨강, 분홍, 노랑, 하양 등 색색의 꽃이 피는 분꽃은 해질 무렵 피었다가 다음 날 아침이면 오므라들어요. 영어 이름도 포 어클락(4시 정각)이지요.

해를 좋아하는 꽃 - 해바라기

해바라기는 장소를 가리지 않고 잘 자라지만 특히 볕이 잘 드는 곳을 좋아해요. 8~9월에 쟁반만 한 노란색 꽃이 펴요.

식물들의 생물 시계

대부분의 꽃은 낮에 피고, 몇몇 꽃은 해가 진 밤에만 피어 있습니다. 이렇게 늘 같은 시간에 꽃을 피우는 것은 일주성 리듬 때문입니다.
일주성 리듬이란 매일 정해진 시간에 주기적으로 일어나는 반응을 말합니다. 우리가 매일 아침에 눈을 뜨는 것처럼 식물도 생물 시계를 가지고 있어 규칙적인 생활을 하는 것이지요.

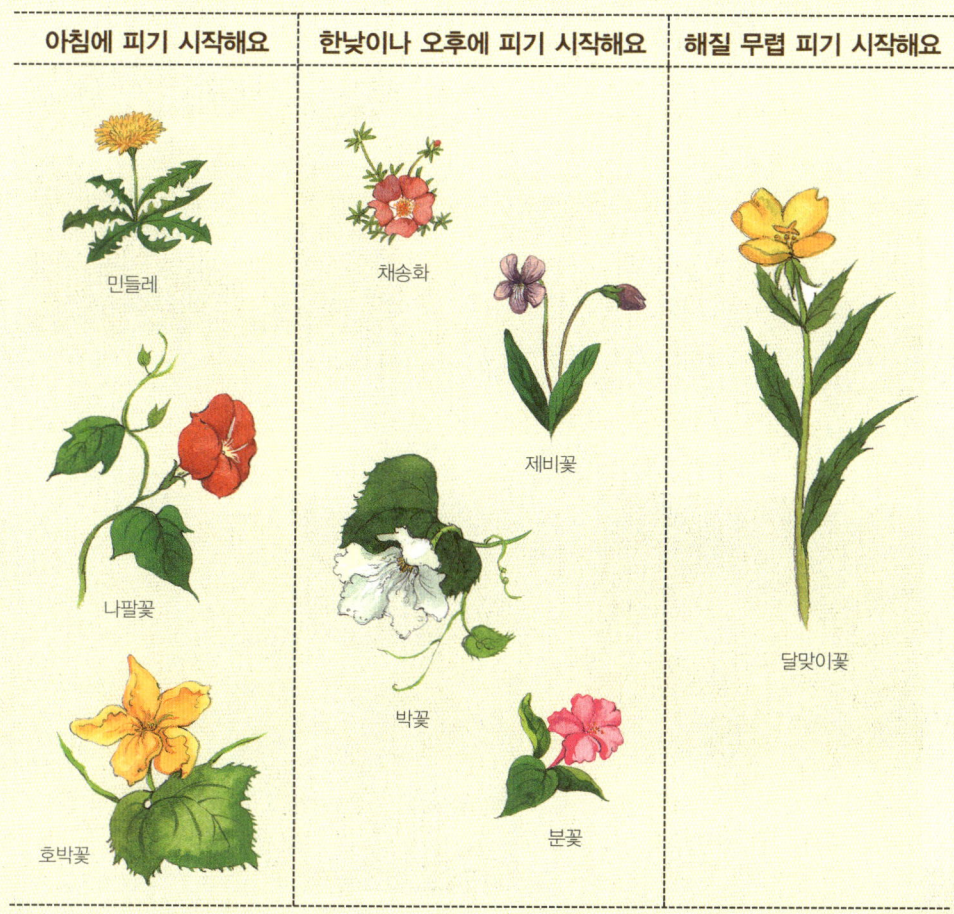

아침에 피기 시작해요	한낮이나 오후에 피기 시작해요	해질 무렵 피기 시작해요
민들레	채송화	달맞이꽃
나팔꽃	제비꽃	
호박꽃	박꽃	
	분꽃	

밤에 피는 꽃을 도와주는 곤충

밤에 피는 꽃이 있으니 당연히 밤에 활동하는 곤충이 있습니다. 대표적인 것이 나방과 박각시 종류입니다.

나방은 밤에 활동한다고 해서 '밤나비'라고 부릅니다. 나방은 우중충한 색을 띤 것이 많습니다. 박각시 종류는 꽃 앞에서 쉼 없이 날갯짓을 하면서 대롱같은 긴 주둥이로 꽃꿀이나 나뭇진을 빨아먹으며 가루받이를 돕습니다.

박각시
봄부터 가을까지 흔하게 볼 수 있어요. 몸통의 근육이 강해서 빠르게 날아 긴 주둥이로 꽃꿀을 빨아먹어요.

나는 밤이 좋아~.

녹색박각시
전국에서 봄과 여름에 볼 수 있어요. 날개를 접고 앉으면 나뭇잎처럼 보여요.

꼬리박각시
다른 박각시와 달리 낮에 활동해요. 여름에 흔하게 볼 수 있지요. 빠른 날갯짓으로 공중에 떠서 꽃꿀을 먹어요.

나비 친구인데 별로 안 닮았지?

포도박각시
우리나라에서 가장 흔하게 볼 수 있어요. 포도나무에 알을 낳고 포도를 좋아해서 포도박각시라 불리지요.

밤에 피는 꽃들

식물은 광합성을 통해 에너지를 만듭니다. 광합성이란 물과 햇빛을 이용해 에너지를 얻는 과정을 말하지요. 식물은 낮에 충분히 광합성을 하고, 밤에는 꽃잎을 접고 호흡을 하지요. 밤에 피는 꽃들은 무엇보다 수분을 잘 지키기 위해 해가 저문 뒤에야 꽃을 피운답니다.

저녁 먹고 나서 날 보러 와!

옥잠화
백합을 닮은 옥잠화는 중국에서 들여온 꽃이에요. 저녁에 피었다가 아침에 시들지요. 향기가 무척 좋아서 향수의 원료로 쓰이기도 해요.

야래향
밤에 향기를 낸다고 해서 야래향이라는 이름이 붙었어요. 땅거미가 질 때 꽃을 피우기 시작해서 동이 틀 무렵이면 향기를 거두고 꽃을 오므려요.

하늘타리
머리를 풀어헤치고 높이 피어 있다고 해서 하늘타리라고 불려요. 덩굴손으로 다른 물체를 감아 올라가 흰 꽃을 피워요.

반딧불은 어둠 속에서 빛으로 말하고 신호를 보냅니다.
올빼미는 어둠 속에도 밝은 눈을 가지고 있습니다.
밤에 핀 꽃에 날아드는 것은 박각시입니다.
캄캄한 어둠 속에도 삶의 지혜가 있습니다.

교과서 자연동화 10권, 교과서로 만나요!

01

슬기로운 생활	1학년 2학기	6. 우리의 겨울맞이
과학	3학년 1학기	3. 동물의 한살이
	4학년 1학기	3. 식물의 한살이

02

| 슬기로운 생활 | 1학년 1학기 | 5. 자연과 함께해요 |
| 과학 | 5학년 1학기 | 4. 작은 생물의 세계 |

03

슬기로운 생활	1학년 1학기	5. 자연과 함께해요
과학	3학년 2학기	2. 동물의 세계
	4학년 2학기	1. 식물의 세계
	5학년 1학기	3. 식물의 구조와 기능

04

슬기로운 생활	1학년 2학기	4. 가을의 산과 들
과학	3학년 1학기	3. 동물의 한살이
	4학년 1학기	3. 식물의 한살이
	4학년 2학기	1. 식물의 세계
	5학년 1학기	3. 식물의 구조와 기능

05

슬기로운 생활	2학년 1학기	7. 동물과 식물은 내 친구
과학	5학년 1학기	3. 식물의 구조와 기능
		4. 작은 생물의 세계

06

슬기로운 생활	1학년 1학기	2. 봄이 왔어요 / 5. 자연과 함께해요
과학	3학년 1학기	3. 동물의 한살이
	4학년 1학기	3. 식물의 한살이
	5학년 1학기	4. 작은 생물의 세계
	6학년 1학기	4. 생태계와 환경

07

과학	3학년 2학기	2. 동물의 세계
	5학년 1학기	3. 식물의 구조와 기능
		4. 작은 생물의 세계

08

과학	3학년 1학기	3. 동물의 한살이
	3학년 2학기	2. 동물의 세계
	4학년 1학기	3. 식물의 한살이

09

슬기로운 생활	2학년 2학기	1. 낮과 밤이 달라요
과학	6학년 1학기	4. 생태계와 환경

10

과학	3학년 2학기	2. 동물의 세계
	4학년 2학기	1. 식물의 세계

글 · 이상배

충북 괴산의 산골 마을에서 태어났습니다.
어린 시절부터 산과 들판을 뛰어다니며 자연과 함께 하나가 되던 때를 그리워하며 글을 쓰고 있습니다.
연못가에서 잠자리를 잡던 일이며, 소 꼴을 먹이던 일을 돌아보면서
자연보다 더 훌륭한 스승은 없다는 것을 늘 깨닫고 있습니다.
월간문학 신인상에 〈엄마 열목어〉가 당선된 것을 시작으로 지금까지 〈꽃이 꾸는 나비꿈〉,
〈옛날에 울아버지가〉, 〈도깨비 아부지〉, 〈아리랑〉, 〈별이 된 오쟁이〉, 〈아름다운 둥지〉,
〈책 읽는 도깨비〉 등 여러 작품을 썼습니다.
대한민국문학상, 한국아동문학상, 이주홍문학상, 김동리문학상, 한국동화문학상 등을 받았습니다.

그림 · 김명길

성신여자대학교에서 서양화를 공부하고 지금껏 어린이 그램책에 그림을 그리고 있습니다. 모든 생명체가 서로의 자리를 존중하며, 어우러져 살아가는 세상이 되길 바라고 있습니다. 그린 책으로는 〈밤섬이 있어요〉, 〈개구리논으로 오세요〉, 〈선생님, 바보 의사 선생님〉, 〈꽃씨 할아버지 우장춘〉, 〈뿌리 없는 식물은 없어요〉 등이 있습니다.

캄캄한 밤이 좋아요

개정판 1쇄 인쇄 2011년 11월 25일
개정판 1쇄 발행 2011년 12월 7일

글 이상배 그림 김명길
펴낸이 오형석
편집이사 박춘옥
편집책임 권주원 **편집진행** 김유진, 김하나, 김주미
디자인책임 조기연
제작책임 고강석
사진 김규수, 김상수, 김환신, 류관희, 박철우, 신응섭, 양현숙, 오태용,
        이영철, 조영호, 최창용, (사)무주반딧불축제제전위원회
펴낸곳 (주)계림북스 **등록** 제300-2007-55호(2000. 5. 22)
주소 서울시 종로구 평동 13-68
전화 (02)739-0121(대표) **팩스** (02)722-7035
홈페이지 www.kyelimbook.com

이 책에 실린 글과 그림의 무단 전재나 복제를 금합니다.
ⓒ이상배, 계림북스 2011

ISBN 978-89-533-1445-0 74400
     978-89-533-1436-8(세트)